JN056047

CHAPTER

1

paludarium arrange

パルダリウムの
アレンジ

身近な場所に置いて日々観賞するパルダリウムは、やはり愛着のある
ものにしたい。美しいレイアウトのなかで好みの植物が育っていく様
子を眺めるのは格別です。さまざまなアレンジを参考に、どんなパル
ダリウムをつくるのか、イメージを膨らませましょう。

paludarium arrange **NO·** # 01

フタ付きのガラスポットでつくる
手のひらサイズのナチュラルアレンジ

Creator_Yoshitaka Hirose

plants DATA
❶ネフロレピシス・マリサ
❷フィカス・プミラ クエルギフォリア
❸ダバリア ラビットフッド
❹ヒノキゴケ
❺シラガゴケ
❻シルクモス

plants DATA
❶ルディシアsp. リアウスマトラ
❷フィカス・プミラ ミニマ
❸マルクグラビア・ウンベラータ
❹シルクモス

　手のひらサイズの小さなガラス容器で
も小さな素材と植物を選べば、多彩なレ
イアウトが楽しめます。ガラスのフタがつ
いているので光を遮ることなく、容器内
の湿度が保たれるため、コケやシダをは
じめとする植物が手間をかけずに生長し
てくれます。

　左の作品は、底にテラリウムソイルを入
れ、ケト土をアーチ状に形成。小枝状のミ
ニマムブランチウッドを木の根をイメージ
して這わせることで、ジャングルのような
雰囲気を演出。また、アーチによって影が
できることで奥行き感を強調しています。

　小さくて繊細な葉をもつ植物だけを使っ
ていることも、風景の広がりを連想させる
ポイントです。一方、右の作品はよりシン
プルに植物を配置したパルダリウム。株
分けしたばかりのルディシアを主役に、つ
る性のフィカス・プミラ・ミニマやマルクグ
ラビアを配置しています。ジャングルプラ
ンツは大きく生長するものが多いですが、
株分けした新芽の生長期間は小さな容
器でも十分楽しめます。植え替えの時期
までじっくりその生長の様子を観察しま
しょう。底に水がたまりすぎないように、
定期的に霧吹きします。

近くからのぞくと、小さな
容器のパルダリウムとは思
えないほどの立体感。陰影
をつけることがポイント。

葉の模様が特長のルディシアの子株を育成
中。育てる期間もレイアウトされたパルダリウ
ムで行えば、より育成が楽しくなります。

小さなグラスで表現される
さまざまな世界観

Creator_Yoshitaka Hirose

ガラスのワインタンブラーでつくられた
小さなアレンジ。身近なものを利用しても
すてきなパルダリウムをつくることができ
ます。左ページの作品は、テラリウムソイ
ルを敷き、そのうえに黒光石を配置。切り
立った断崖をイメージして、薄くて平たい
石を重ね合わせて接着しました。その石
を取り囲むように、小さな葉の植物を植え

込んでいます。極小のフィギュアをのせる
ことで、小さなグラスのなかにストーリー
性のある広い世界が誕生します。

　もうひとつのパルダリウムでは、花が美
しい小型のセントポーリアを栽培。橙層
石や気孔石を使って、原種が自生するア
フリカの山地をイメージして植栽されてい
ます。株元にはシルクモスを入れて自然
感を演出。アクリル製の丸いフタを用いて
いますが、多湿になりすぎないように注
意。月に一度ほど、観葉植物用の液肥を
与えるとよいでしょう。

plants DATA
❶ ソレイロリア ベビーティアーズ
❷ ダバリア ラビットフッド
❸ シラガゴケ
❹ シルクモス

plants DATA
❺ セントポーリア
　 ホットピンクベルズ
❻ ニューラージパールグラス
❼ シラガゴケ
❽ シルクモス

paludarium arrange NO·

03

簡単につくれる
宙に浮かんだモスボール

Creator_Yasuharu Hirose

生き生きとした緑の色彩が美しいモスボールを育ててみませんか。枯れたフウの実（モミジバフウの実）にシルクモスをはり、テグスを使ってボトル内に吊り下げているだけ。週に一度の霧吹きをするだけで、実のまわりをコケが覆い尽くし、きれいな緑のボールになります。シルクモスはアオギヌゴケの仲間とされる種類。水分を好む丈夫な種類で、さまざまなアレンジに利用されます。

plants DATA　シルクモス

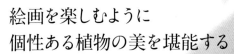

paludarium
arrange NO.

04

絵画を楽しむように
個性ある植物の美を堪能する

Creator_Yoshitaka Hirose

Malý atlas liečivých rastlin

金色の縁が印象的なアンティーク風の水槽に、大小が対になるアレンジを施しています。小さな容器には、網目模様が美しいジュエルオーキッドを、大きな容器には、ピンク色のドット柄が目を引くベゴニアを主役にセレクト。

ポイントはケト土を片方の端にだけ高く盛り上げていること。それぞれの容器に左右の山をつくることで、並べても統一感が出るように工夫しています。表土には小枝やコケ、小さなシダ類を配置して主役を引き立てています。植物が生長したら、切り戻しをして形を整えるとよいでしょう。また、プラスチック製の透明な下敷きなどをカットすれば、容器のフタとして利用でき、湿度管理がしやすくなります。月に一度、薄めた液体肥料を与えます。

plants DATA
❶アネクトキルス・ロクスバーギー HongSia
❷ベゴニア・ネグロセンシス
❸フィカスsp. マウントベサール
❹レインボーファン
❺ダバリア ラビットフッド
❻ペペロミア タートル
❼フィカス・プミラ ミニマ
❽ハイゴケ

ケト土を使って高く盛り上げた地形。土は乾燥させないように管理します。

アレンジの主役として利用したベゴニア・ネグロセンシス（左）と、アネクトキルス・ロクスバーギー。いずれもパルダリウムで人気の品種。

plants DATA
❶ クリプタンサス ルビースター
❷ フィットニア レッド、グリーン
❸ トラディスカンティア・ゼブリナ
❹ ドロセラ・アデラエ
❺ ダバリア ラビットフッド
❻ シラガゴケ
❼ シルクモス

paludarium
arrange NO·

05

情熱の赤い葉を集めて
まとまりのある景観に仕上げる

Creator_Yasuharu Hirose

　直径17cm、高さ20cmのパルダリウム専用容器「ガラスポットSHIZUKU」を使ったアレンジです。葉全体が赤く染まるクリプタンサス・ルビースターを中心に、フィットニア・レッド、ドロセラ・アデラエ、トラディスカンティア・ゼブリナと、すべて赤い色を持った葉の植物をセレクトしました。クリプタンサスのまわりをそれぞれの赤葉が彩ります。

　それらの間を埋めているのがコケのグ

リーン。造形材で背面を盛り上げ、枝流木を配置して、コケやシダ類を植栽していて、より自然な風景をつくり込んでいますまた、底砂にはテラリウムソイルを使用していますが、手前の表面には化粧砂を敷き詰めて全体の明るさをアップ。

　それぞれの植物がこのあとどのように生長していくのかじっくり楽しめる小さなパルダリウムです。

06

苔むした大木の根のまわりに
多彩な植物が芽吹いていく

Creator_Yoshitaka Hirose

plants DATA
❶ビオフィツム・デンドロイデス
❷レインボーファン
❸ネフロレピシス ブルーベル
❹ソレイロリア ベビーティアーズ
❺ハイゴケ
❻シルクモス

　フタ付きのガラス水槽「グラステリアフィット200Low」を使った作品。幅20、奥行き10、高さ10cmの小さな容器でも十分にレイアウトが楽しめるよい例です。

　用土にはブルカミアのパウダーソイルとアクアスケープソイルを使い、地表の荒れた雰囲気を演出。やや太めの枝流木を横方向に置いて、大木の根をイメージしています。その前後に、黒色の独特な形状をもつ魔金石を置きます。そのすき間にハイゴケやシルクモスを配置することで、より自然の雰囲気が高まります。さらに、木の新芽を連想させるビオフィツム・デンドロイデスを植え、その他のシダ類などを植栽すれば完成。

　上から見ると木の根元の雰囲気ですが、真横から見ると、石の形状が地層にも見えて、起伏に富んだ広い大地を感じることができます。レイアウトデザインは、見方によってさまざまな表現に変貌します。

paludarium arrange NO·

07

高低差のある風景を
小さな容器を連結して楽しむ

Creator_Yasuharu Hirose

小型のガラス容器（グラステリアフィット100）を2つ並べて観賞するパルダリウム。レイアウトの土台となる流木は、背面を平面状にカットして、さらに連結部分を切り取っています。カットした流木は水槽背面へシリコンで接着し、固定しています。流木の上には、造形材を入れてシルクモスを配置。そこにフィカス・プミラ・ミニマや、斑入りのフィカスsp.ライムグリーンを植えています。右下には葉がやや大きい沖縄産のヒメイタビ、左下にはフィカスsp.マウントベサールを植栽。すべてフィカスだけでまとめています。多くのつる性植物は、伸びてきたら適度にカットし、挿し戻して殖やすことが可能です。

plants DATA
❶フィカス・プミラ ミニマ
❷フィカス・プミラ ライムグリーン
❸ヒメイタビ沖縄本島産
❹フィカスsp. マウントベサール
❺シラガゴケ
❻シルクモス

フィカスの仲間4種類を植栽。葉のサイズや色合い、形状などによって使い分けます。一般に大きい葉を手前、小さい葉を奥に植えると、遠近感が生まれやすくなります。

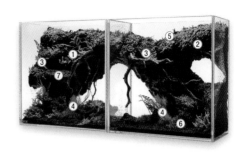

plants DATA
❶フィカスsp. マウントベサール
❷ペペロミアsp. エマルギネラ
❸ダバリア ラビットフッド
❹ヒノキゴケ
❺ハイゴケ
❻シラガゴケ
❼シルクモス

paludarium arrange NO·

08

コケやシダが覆い尽くしていく
崖崩れのあとの美しさ

Creator_Yoshitaka Hirose

　崖崩れが発生したあとの山肌を連想さ
せるパルダリウムです。岸壁が強い雨によ
って崩れてしまったものの、樹木の根によ
って支えられている部分が残る様子を表
現しています。それでも時間の経過ととも
に繁殖しやすいコケやシダが芽吹きはじ
めて、グリーンで覆われていく様子がわか
ります。

　ガラス容器は、幅20、奥行き10、高さ
20cmのフタ付き水槽（グラステリアフィッ
ト200）を2つ連結させて制作。使用した
素材はテラリウムソイルと溶岩石、ミニマ
ムブランチウッド、ケト土。背面の造形は
ケト土だけでつくられています。

　背面に抜ける空間部分を大胆に確保し、
枝状流木を木の根に見立てて配置する
のがコツ。影にならない部分にコケをはり、
ところどころにシダやつる性植物を植え
ています。ジャングル内の洞窟の入口に迷
い込んだかのような雰囲気もあって、見て
いて飽きないアレンジです。照明を当て、
3日〜1週間に1度、霧吹きします。

plants DATA
❶ ラフィドフィラ・ハイ
❷ ディッキア ケスウィック
❸ トウゲシバ
❹ プテリス
❺ シラガゴケ
❻ シルクモス

paludarium arrange **NO·** # 09

樹木の根元を這い上がる クライマープランツ

Creator_Yasuharu Hirose

　パルダリウムでは湿度を好む植物が使われるので、容器のフタはなくてはならない必需品。幅20cmのガラス容器（グラスアクア・ティアー）と専用フタ（グラストッププラウンド）を使ったアレンジがこちらです。フタを貫かれたように見える流木は、じつは2つにカットされたものをビズ止めし、フタとセットでつくられています。

　1本の流木は、樹木の根元をイメージして枝状流木を固定し、流木のくぼみに造形材を入れています。そこへシルクモスをはり、クライマー植物のラフィドフィラを着生させるように配置しました。

　根元のまわりには溶岩石を配置し、トウゲシバやプテリスを植栽。流木の上には根を水苔で巻いたディッキアをあしらい、変化をつけています。

専用のフタと一体になった流木に植物を着生させて（上）。木の根元から匍匐する様子を表現したラフィドフィラ・ハイ。斑入りの美しい品種（下）。

paludarium arrange NO・

10

テーブルの中央に置きたい ラウンドタイプのパルダリウム

Creator_Yoshitaka Hirose

plants DATA
❶アネクトキルス ロクスバーギー
❷アネクトキルスsp.
❸ホマロメナ レッド
❹タマシダ
❺ダバリア ラビットフッド
❻ネフロレピス ブルーベル
❼フィカス・プミラ ミニマ
❽シラガゴケ

キラキラとした網目模様が魅力の ジュエルオーキッド。パルダリウム で育ててみたい植物のひとつ。

　球体のアンティークガラス容器を使っ たシンプルアレンジ。容器の直径は28cm、 高さは30cm。底にテラリウムソイルを敷 き詰め、中央に流木を垂直に配置したあ と、そのまわりに主役となるジュエルオー キッドやホマロメナを植えていきます。さ らに、シラガゴケを置き、小さなシダ植物 やつる性の植物を植えています。

　このとき、すべての植物が、木の根元に 見立てた流木から四方に向かって生えて いることを意識するとよいでしょう。そう することで、統一感のある植栽になります。 また、随所にミニマムブランチウッドを同 様に配置することで、さらに自然感がアッ プ。360度、どこから見ても楽しめるパル ダリウムの完成です。

ドッシニア・マルモラータ
（上）と、マコデス・ペト
ラ（下）。高い湿度環境
を保つパルダリウムで育
成しやすくなります。

plants DATA
❶ドッシニア・マルモラータ
❷マコデス・ペトラ
❸マラキス・メタリカ
❹フィカス・プミラ ミニマ
❺ダバリア ラビットフッド
❻シラガゴケ
❼シルクモス

paludarium
arrange **NO·** 11

高低と遠近を意識した
ジュエルオーキッドの丘

Creator_Yasuharu Hirose

　縦長のガラスケース（レプテリア・クリ
アネオ180／幅18、奥行き18、高さ28cm）
を使用する場合、どのようにして高低差
をつくるかが、レイアウトの腕の見せどこ
ろ。この作品では溶岩石を積み上げ、シリ
コンで固定することで、急峻な崖をイメー
ジさせ、低いところと高いところ、それぞ
れの見せ場をつくっています。溶岩石の周
囲には造形材を入れて、コケやシダなど
の植物を配置しています。

　このパルダリウムでメインになるのが、
ジュエルオーキッド。ドッシニア、マコデス、
マラキスの3種類を高さや奥行きの異な
る場所にバランスよく植えつけ、全体の
調和を保っています。

　ジュエルオーキッドが生長したら、挿
し芽や株分けで殖やすとよいでしょう。

ガラスケース内で育てると、頻繁な水やりをしなくて済むようになります。

paludarium arrange **NO·**

12

ティランジアも
パルダリウムで美しく育てる

Creator_Yoshitaka Hirose

　土がなくても育つティランジア。雑貨店などでも販売され、簡単に手間なく育成できるイメージですが、より美しく育てるためにはしっかりとした管理が必要になります。ティランジアの特性として、意外に水をほしがるということがあります。とくに生長期ではこまめな霧吹きが必要に。とはいえ、過湿の状態は苦手なので、こまめなケアが必要なのです。ただ、過湿を抑えたパルダリウムでは、比較的管理がしやすくなります。

　ここでは球体のガラス容器（グラスアクア・スフィア／直径22、高さ18.5cm）にアクアスケープソイルと橙層石、枝流木でアレンジし、各種のティランジアを配置しています。用土をぬらしておけば適度な湿度が保たれて、頻繁な水やりが不要になります。容器は日当たりのよい窓辺に置くか、専用のライトをつけて育成しましょう。

plants DATA
❶ティランジア・ガーデネリー
❷ティランジア・フンキアナ
❸ティランジア・ブラキカウルス
❹ティランジア・メラノクラテル
❺ティランジア・アンドレアナ
❻ティランジア・プラギオトロピカ

plants DATA
❶アルターレッド
❷ミズスギナ
❸ホシクサsp. クチ
❹フィカス・プミラ ミニマ
❺ダバリア ラビットフッド
❻シラガゴケ
❼シルクモス

paludarium arrange NO· **13**

小さな滝から流れる清らかな水
そのまわりの自然を感じて

Creator_Yasuharu Hirose

　水槽のなかでつくられる滝の表現は、アクアテラリウムでよく見られる技法です。しかし、植物育成をメインとしたパルダリウムでも十分に楽しむことができます。

　ポイントは常に水を循環させているので、通常のパルダリウムよりも水を好む植物を中心に選ぶこと。また、水が蒸発しやすいので、とくに容器が小さかったり、水位を低く設定したりする場合は、こまめな足し水が必要になります。

　今回は、テーブルに気軽に設置できるサイズの円柱形のガラス容器（グラスアクア・シリンダー／直径18、高さ20cm）を使用しました。背面に小型の揚水ポンプ（ピコロカ）を設置して水を循環させています。底砂には、吸着効果の高いアクアソイル（ブルカミアD）を用い、小さめの溶岩石を組み合わせ、シリコン剤で接着して崖をつくります。水が流れ落ちる場所には、小さな流木の破片を利用して水の

水が流れ落ちる場所を計算して景観をつくり込んでいます。

流れを調整しています。さらに、溶岩石の上にはライン上にカットした植栽布（活着君）を敷き、上部の先端を水につけることで全体に水分をいきわたらせることができ、そのうえにシルクモスなどを配置させます。

　植栽は水草として利用されるアルターレッドの水上葉と、ホシクサ、ミズスギナなどを中心に、コケ類やシダの仲間などを植えつけて自然感あふれる景色につくり上げています。

溶岩石の上に植栽布の活着君を敷くことでコケなどが育成できるようになります（上）。
容器の背面には、小型の揚水ポンプをしのばせて水を循環させています（左）。水分の蒸発に注意。

paludarium
arrange NO·

14

ベゴニアが植栽された
立体的な谷間の風景

Creator_Yoshitaka Hirose

　カラフルな葉の色彩と多様な模様が魅力のベゴニア。パルダリウムでよく用いられるベゴニアは、塊根性の仲間が多く、熱帯雨林のあまり日当たりのよくない湿地に自生している原種をベースにしたものです。幅40cmの専用ケース（レプテリア・クリアネオ400スリム）を利用したこの作品では、ベゴニア・ネグロセンシス、ベゴニア・ボウエレ・ニグラマルガ、ベゴニア・レックスの3種が植えられています。

　レイアウトの重点は、両側にソイルを高く盛り、中央に広い空間をつくっていること。中心部分に使用した炎練石は土台の石に接着剤で固定され、下に大きな影ができる空間を生み出しています。こんもりと葉を広げて生長するベゴニアはすぐに空間を埋め尽くしますが、このレイアウトでは、中央が広く空いているのでこの雰囲気を保ったまま長く楽しむことができそう。その他、小さな植物も混植され、見どころの多いパルダリウムに仕上がっています。

plants DATA

1. ベゴニア・レックス　ビスタ
2. ベゴニア・ネグロセンシス
3. ベゴニア・ボウエレ・ニグラマルガ
4. ペリオニア・プルクラ
5. ヒメユキノシタ
6. レインボーファン
7. ダバリア ラビットフッド
8. タマシダ
9. フィカス・プミラ ミニマ
10. ネフロレピス ブルーベル
11. ソレイロリア
12. シルクモス

メインで使用したベゴニア3種。これから繁茂していく様子も楽しめるレイアウトに。

中央の石は宙に浮いているような状態で、絶妙な陰影と、広さをイメージさせる空間をつくっています。

（横から）　　　　（斜め上から）

工夫次第でさまざまなタイプのパルダリウムが
楽しめます。

paludarium arrange NO·

15

熱帯植物が生い茂る
不思議な迷宮の世界へ

Creator_Yasuharu Hirose

　ジャングルの暗闇をさまよっていたら、密林のなかでカラフルな魚が泳ぐ不思議な光景に出くわした――。思わずそんなストーリーを連想させてしまうほど、インパクトのある作品。このパルダリウムは前後に2つの水槽を設置したもので、前方はフタ付きの薄型水槽（グラステリアフィット200H／幅20、奥行き10、高さ28cm）を利用しています。複数の流木を組み合わせてビス止めし、背面をシリコン剤で接着。背景に抜けるシルエットがとても自然で美しい。

　底にはテラリウムソイルを注ぎ、流木のすき間や表面には造形材（造形君）を入れ、コケやシダ、フィカスなどの植物を植えています。グッピーを飼育する後ろの水槽にも水草を入れることで前後の空間がつながっているように見えます。

plants DATA
❶フィカス・プミラ ライムグリーン
❷フィカス・プミラ ミニマ
❸プテリス
❹ダバリア ラビットフッド
❺シラガゴケ
❻シルクモス
❼マツモ
❽ミリオフィラム・マットグロッセンセ

plants DATA
❶ フリーセア・ラファエリー
❷ ルディシア・ディスカラー
❸ フィカス・プミラsp.
❹ フィカス・プミラ
❺ フィカス・プミラ ミニマ
❻ クリプタンサス レッドスター
❼ プテリス エバージェミエンシス
❽ ペリオニア・レペンス
❾ トラディスカンティア
❿ ダバリア ラビットフッド
⓫ シラガゴケ
⓬ シルクモス

paludarium arrange NO·

16

多彩な植物の育成を楽しむ
オーソドックスなパルダリウム・スタイル

Creator_Yasuharu Hirose

　幅30、奥行き30、高さ40の水槽を利用したパルダリウム。容器にこれほどのサイズがあれば、自由なレイアウトとさまざまな植物の育成が可能になってきます。

　植物のメインはフリーセア、サブに白い葉が美しいフィカス・プミラsp.と、ホンコンシュスランとも呼ばれるルディシアをチ

ョイス。そのほか、小さなクリプタンサスや、クライマープランツのペリオニア、フィカス類、ダバリアなどのシダ類、シルクモスなどのコケ類が彩りを添えます。

　レイアウトの基礎としては中心からやや右側に谷をつくるような構図で。水槽の背面にテラリウム用の吸水性スポンジ

斜め下から眺めると、このレイアウトの奥行きをよりいっそう感じることができます。

このレイアウトの主役になっている3種。フィカス・プミラsp.(左)、フリーセア・ラファエリー（左下）、ルディシア・ディスカラー（下）。

水槽背面から。吸水スポンジの植えれる君が使われています。

（植えれる君）を入れて、テラリウムソイルを敷いたあと、壁面へ造形材（造形君）を下から貼りつけていくように配置します。この作品のように左右の側面も手前に向けて造形材を入れていくことで、より奥行きのある景観を感じさせることができます。

枝状流木は、起点となる左上から木の根が広がっていくようなイメージで配置しています。枝の角度や太さを変えることでより自然に近い雰囲気が出てきます。ちなみに、コケは全面にはらないほうが自然に見えますが、生長とともに土の表面全体を覆い尽くすようになります。

paludarium
arrange NO·

17

木の幹に着生する
小型のランが咲き誇る楽園

Creator_Yoshitaka Hirose

ディネマ・ポリブルボン（左）とデンドロビウム・サクラン（右）の花。小型着生ランにはさまざまな種類があり、コレクション性もあります。

右上にケト土を貼りつけた部分。ミヤマムギランのほか、ペペロミアなどの植物を配置。

ランの花がよく目立つパルダリウム。手前と奥の関係がはっきりしているので、奥行きを感じさせます。手前の花がデンドロビウム・ギンギアナム・シルコッキー。

　植物を栽培するうえで、花が咲く瞬間はうれしいものです。パルダリウムでよく使われる植物は、おもに葉の色や形に重点が置かれるため、開花を目的としない種類が多いのが現状です。しかし、パルダリウムに向く小型の着生ランは、美しい花をつけるので、パルダリウムに特有の彩りを与えてくれます。

　レプテリア・クリアネオ250High（幅25、奥行き25、高さ40cm）を利用してつくられたこの作品は、木の幹に植物が着生しながらなじんでいく過程を表現しているパルダリウムです。自然のなかで花を咲かせ、さまざまな種類が共生していく様子を感じさせてくれます。

　アクアプランツソイルをやや厚めに敷き詰め、インドネシア流木を左上を起点

に、右下に向けて大胆に配置。溶岩石で起伏をつけたあとに、コケやランを着生させる部分に造形材（造形君）を入れていきます。さらに奥行き感をもたせるため、ケト土を背面上部にも貼りつけ、植物を着生させています。

　植物は花が咲く、小型のデンドロビウム2種と、ディネマ・ポリブルボンが主役。子株のミヤマムギランも手前と上に配置させました。そのほかシルクモスを随所にはりつけ、小型のシダ類などもあしらっています。また、小枝のミニマムブランチウッドを根のように這わせることで、よりナチュラルな風景に仕上がります。

　水やりは2〜3日に1回、コケが湿るように全体に霧吹きします。

plants DATA

❶ デンドロビウム・ギンギアナム
　シルコッキー
❷ デンドロビウム サクラン
❸ ディネマ・ポリブルボン
❹ ミヤマムギラン
❺ シペルス ズムラ

❻ ペペロミア タートル
❼ ネフロレピス ブルーベル
❽ ダバリア ラビットフッド
❾ シルクモス

plants DATA
❶ ガジュマル
❷ ヒメイタビ
❸ フィカス・プミラ ミニマ
❹ フィカスsp. マウントベサール
❺ ダバリア・フィジーエンシス
❻ シラガゴケ
❼ シルクモス

paludarium
arrange NO·

18

断崖絶壁に生きる
たくましい樹木の生命力

Creator_Yasuharu Hirose

　根元に特徴のあるガジュマルの木を使ったアレンジ。幅30、奥行き23、高さ60cmの縦長のオリジナルケースを利用して、断崖を形づくり、そこにしぶとく生えて生長する樹木の力強さを表現しました。

　テラリウム用吸水性スポンジ（植えれる君）と造形材（造形君）を使って左右に急激な崖をつくり、強い光を好むガジュマルはできるだけ上部に植え込んでいます。レイアウトのポイントは、樹木の根に見立てた枝状流木の配置です。まさに、木から長い根が生えているように下に伸びていて一体感があります。実際に制作から半年ほどが経ち、ガジュマルの本物の根も表土から見えるようになって、よりリアルさを増しています。土の表面のほとんどを覆うのはシルクモス。そのほか、小型のつる性植物やシダ植物をあしらっていますが、あくまで樹木をみせるアレンジなので、シンプルな植栽にとどめています。

下からのぞいたり、上からのぞいたり。地形づくりのおもしろさと、植物の力強さを感じさせるパルダリウムです。

ガジュマル育成のため、上部のフタは通気性の高いメッシュが入ったアクリル製。

plants DATA
❶ネオレゲリア ファイヤーボール
❷デンドロビウム・キンギアナム
　シルコッキー
❸トキワシノブ
❹スキンダプサス ミニグリーン

paludarium arrange NO·

19

ローテーションが可能な
パルダリウムのシンプルアレンジ

Creator_Yoshitaka Hirose

植物を流木に着生させて。植物の根はすべて水苔で巻いています。乾燥させないように注意します。

　幅40cmのパルダリウムケースに、ネオレゲリアやデンドロビウムが配置され、シンプルだが華やかな印象。ダークホーンウッドと呼ばれる流木が四方に向けられ、その中心に複数の植物がまとまって植栽されていて、まるで生け花のようなアレンジです。放射状に広がる流木と同じように葉を広げるタンクブロメリアは相性がよく、バランスがとりやすい形状。また、赤く染まった品種を混ぜることで華やかさ

も演出できます。

　まず、形のよい流木を選び、ネオレゲリアをはじめとするすべての植物の根を水苔で巻いたあと、流木に黒色のゴムで固定します。ケースの外にそのまま取り出すことができてメンテナンスがとても楽。植物の状態を見てほかの種類に差し変えることも可能です。ローテーションしながら気分を変えて、観賞と育成を同時に楽しむとよいでしょう。

paludarium arrange NO·

20

さまざまな食虫植物が育つ
ちょっと奇妙でミステリアスな世界

Creator_Yasuharu Hirose

食虫植物の育成をテーマにしたパルダリウムがこちらです。食虫植物はその名前の通り、虫を捕らえて食べてしまうという、衝撃的な性質をもつ植物の仲間。基本的に、栄養分の少ない環境に自生しているため、虫を捕食することで栄養を補っています。その種類はさまざまで、捕虫のスタイルも異なり、草姿もオリジナリティーにあふれていて、古くからの栽培家がたくさんいます。

虫を捕まえるシステムでは、ネペンテスやヘリアンフォラ、サラセニアのように、葉が袋状に進化して袋の内部に虫を落とすタイプのほか、ドロセラやピンギキュラのように葉の表面に粘液をつけて虫を捕らえる粘着タイプ、ハエトリソウと呼ばれるディオネアのように葉の左右で虫を瞬時に挟み込んで捕らえるタイプ、ミミカキグサなどのウトリクラリアのように、土中に小さな捕虫嚢をもつタイプなどがあります。

手前の傾斜に植えられたドロセラ。短い葉で円形にまとまるトウカイエンシスと、長葉のカペンシスの改良種ブロードリーフ。

このパルダリウムの主役級はヘリアンフォラ。南米原産の種類で、筒状の葉の先端にある密腺で虫をおびき寄せます。冬でも10℃以上をキープします。

このパルダリウムでは、さまざまなタイプの食虫植物を取り入れています。幅35、奥行き22、高さ28cmのガラス水槽（レグラスR350）のなかに、溶岩石と造形材を使って左右に大きさの異なる傾斜をつくり、中央部分には形が複雑な枝流木を配置しました。ナチュラルな雰囲気というよりは、食虫植物の不思議な生態に合わせて、奇妙でミステリアスな世界観を演出しています。

比較的水分を好む食虫植物は、大きなサイズにならない品種を選べばパルダリウム向きといえます。ただし、全般に強めの光を必要とする点が、扱いやすいコケやシダ類とは異なります。十分な明るさを保つライティングと、他の植物が覆い被さらないようなアレンジ、もしくはこまめなトリミングを心がけましょう。栽培に虫を与える必要はなく、月に一度の液体肥料で十分です。

比較的コンパクトに育つ、ネペンテスの改良種ミミ(ventricosa×(maxima×talangensis))。赤い柄が入る捕虫嚢が魅力。

ハエトリソウと呼ばれるディオネアは、食虫植物の代表的な存在。1属1種の植物ですが、いくつかの改良品種が流通しています。

ミミカキグサとしてしられるウトリク
ラリア（左）は土中に捕虫嚢を持
つタイプ。ムシトリスミレと呼ばれ
るピンギキュラ（右）は粘着系の
食虫植物。両方ともかわいらしい
花が魅力。

plants DATA

❶ヘリアンフォラ・ヘテロドクサ
　×ミノール
❷ドロセラ・カペンシス
　ブロードリーフ
❸ドロセラ・トウカイエンシス
❹ドロセラ・アデラエ
❺ネペンテス ミミ
❻ウトリクラリア・ワーブルギー

❼ディオネア・ムスキプラ
❽ピンギキュラ・メドゥシアナ
　×モクテズマエ
❾ピンギキュラ・アグナタ
❿フィカス・ベンジャミナ
　シタシオン
⓫ダバリア・フィジーエンシス
⓬シラガゴケ
⓭シルクモス

paludarium
arrange NO·

21

壁面を覆い尽くす
モスグリーンの癒やし

Creator Yasuharu Hirose

　大型の薄型水槽（幅90、奥行き22、高
さ45cm）で表現された壁面緑化の世界。
一面を覆い尽くすのは、アオギヌゴケの一
種とされるシルクモス。水槽の背面には
吸水性スポンジの植えれる君を入れ、造
形材で全体を覆っています。制作後、約
半年が経過したもの。レイアウトとしては
シンプルな構成ですが、微妙な凹凸によ
る陰影が強調されていて、自然の美しさ
を感じます。

plants DATA
シルクモス
ダバリア ラビットフッド
プテリス
フィカス・プミラ ミニマ

水辺にある岩場の風景に
水草の水上葉を集めて

Creator_Yasuharu Hirose

　ゴツゴツとした質感が特徴の青華石を使った石組みレイアウトで、水辺の風景をイメージしてつくられました。左側からのなだらかに下るスロープに対するように、力強い岩が切り立つように配置されています。水槽サイズは幅45、奥行き21、高さ26cm。

　植栽されている多くの植物は、水辺の植物です。なかには、ハイグロフィラやロタラ、キューバパールグラス、ホシクサなど水草として販売されている種類も、水上葉が展開した状態で植えられています。

　葉が細かいものやライン状の葉をもつ繊細な植物を取り入れることで、清涼感のある、景観の美しさを生かしたパルダリウムが完成します。

plants DATA

❶ハイグロフィラ・
　ピンナティフィダ
❷キューバパールグラス
❸ロタラsp. スパイキー
❹斑入りセキショウ

❺ミズスギナ
❻ホシクサsp.
❼ウトリクラリア・ワーブルギー
❽シラガゴケ
❾シルクモス

なだらかな水辺の丘の上には、ミミカキグサの花が咲く。手前はキューバパールグラスの水上葉。

水中葉とは形が異なるハイグロフィラ・ピンナティフィダ（左上）。陸上で花を咲かせるロタラsp.（右上）。水際を連想させる場所にはホシクサを配置（左下）。ウトリクラリア・ワーブルギーの花（右下）。

23

切り立つ崖の絶景！
水が豊かな美しい渓流をつくり込む

Creator_Yasuharu Hirose

水槽を上から眺める。光を求めて葉を
伸ばす植物の先に、揺らめく水面が見
える。

plants DATA
❶アスパラガス
❷ダバリア ラビットフッド
❸プテリス エバージェミエンシス
❹ヒメイタビ沖縄本島産
❺シルクモス
❻ヘテランテラ

　まるで、山奥にある景色を眺めているような作品。岸壁が間近に迫り、遠くから水が流れてくる絶景です。幅30cmの水槽（レグラスフラット3050／幅30、奥行き30、高さ50cm）とは思えない奥行きの広さを感じさせます。さらに、左の崖から水が流れ落ちる様子は大自然の渓谷さながらの風景で、見ていて飽きません。

　システムは、底床に水の浄化能力が高いブルカミアDを使った底面フィルター式で、水中ポンプで吸いあげた水を滝に見立てています。レイアウトの土台には工作用パネルの作れる君をベースに、滝が流れ落ちる部分と、手前の見えるところにのみ流木を固定しています。作れる君は、自然に見えるように複雑な形をつくり、そのうえに植栽布の活着君を貼りつけ、コケやその他の植物を植えつけています。

　植栽はできるだけシンプルに、木々をイメージする観葉植物をセレクト。アスパラガスやシダ類の葉が涼しげな風景を彩ります。

　水中部分には水草のヘテランテラのみを植えつけ。水中部分では魚の飼育も可能ですが、このレイアウトにはやや地味な小型魚が似合いそう。

鬱蒼とした密林を再現した
ジャングル・パルダリウム

Creator_Yoshitaka Hirose

plants DATA
❶ネオレゲリア・ファイアーボール
❷クリプタンサス・ビッタータス
❸フィカス・プミラ ミニマ
❹フィカスsp. マウントベサール
❺フィカスsp. グナンベサール
❻フィットニア・ジャングルフレーム
❼ニューラージパールグラス
❽ルディシア ディスカラー
❾ダバリア ラビットフット
❿南米ウィローモス
⓫シラガゴケ

　テーマは鬱蒼としたジャングル。南米大陸の密林を彷彿させる緑豊かな世界が緻密に表現されています。中心部の奥に空間をつくり、その空間を流木が横切るように配置することで遠近感を演出。さらに、随所に南米ウィローモスを垂らすことで鬱蒼と植物が生い茂るジャングルの世界観を表現しています。

　また、植栽布の活着君をひも状にして、そこに南米ウィローモスを活着させています。まるで木のツルが垂れ下がっている

ように見せているのがポイント。さらに小枝状のミニマムブランチウッドを随所に配置することで樹木の力強さ、時間の経過やジャングルの雑然とした雰囲気を醸し出しています。

　植物はネオレゲリア・ファイアーボールを中心に、つる性のフィカス類、クリプタンサスやルディシア、フィットニア、ニューラージパールグラス、レインボーファン、ダバリア、南米ウィローモス、シラガゴケなど豊富な種類を植栽しています。管理は

水分をたっぷり含んだ流木と、そこに巻きつく
南米ウィローモス。小枝状のミニマムブランチ
ウッドがジャングルの雰囲気を増す（右）。ネ
オレゲリアやルディシアなどの植物のなかで、
色彩の異なるヤドクガエルがひときわ目を引く
（下）。

毎日4〜5回の霧吹きを。ミスティングポ
ンプをタイマーに繋げて自動的に給水し
ています。
　また、このパルダリウムに彩りを添える
のが、密林の宝石とも称されるヤドクガエ
ルです。マダラヤドクガエルを数匹収容し
て飼育中。エサはショウジョウバエがお
すすめ。ヤドクガエルは痩せやすいので
毎日の給餌が必要です。ペアで飼育を行
えば繁殖も決して難しい種類ではありま
せん。

ヤドクガエルのなかでは流通量が多く、比較
的安価で入手できるマダラヤドクガエル。

CHAPTER

2

plants catalog

パルダリウムの
植物ガイド

コンパクトに生長し、高い湿度を好む種類がパルダリウムに適した植物。コケやシダのほかに、つるを伸ばすクライマープランツやベゴニアの仲間、サトイモ科の仲間、ブロメリアの仲間など、その種類は多岐に及びます。それらのなかから好みの植物を選びましょう。

ガラス容器で育てやすい
パルダリウム植物図鑑

basic paludarium plants catalog

多彩な植物のなかから、好みの種類を見つけて、
その組み合わせを考えましょう。

cooperation_PICUTA

パルダリウムはガラスケースや水槽を利用し、ある程度密閉された環境のなかで植物を育てるスタイル。このパルダリウムに向く植物について考えてみましょう。まずは植物のサイズ。限られた空間のなかで複数を混植させるには、小さめの株を選ぶことが大切です。はじめは小さくても生長して大きくなる種類は不向き。植えつけ後こまめに葉を切り詰めることで小さな株に仕立てられる種類もあります。次に湿度と温度。ケースでつくるパルダリウムは高い湿度が保たれているため、水分を好む種類を選びます。逆に乾燥や乾湿を繰り返す環境を好む種類は向きません。また、パルダリウムは温室のような状態になり、通年温度がやや高めになるため、熱帯性植物を中心に選ばれることがほとんど。涼しさや寒暖差が必要になる山野草や高山種は避けたほうがよいでしょう。最後に光。しっかりとした日光をあまり必要としない植物がおすすめです。最近では、LEDライトの性能が高くなり、栽培可能な植物も増えてきています。

アグラオネマ・ピクタム
東南アジア原産、サトイモ科の観葉植物。葉の色彩や模様の入りかたで値段が異なる。トリカラータイプは人気が高い。

アグラオネマ スノーホワイト
光沢のある斑入り葉が美しいアグラオネマの改良種。生長が穏やかで耐陰性も高い。

アグラオネマ ビューティー
あざやかなピンク色の斑が入るアグラオネマの園芸品種。直射日光が苦手なのでパルダリウム向き。

エピスシア シルバーダスト

南米に自生するエピスシアの改良
種。葉の模様が特徴的でコンパク
トにまとまる株もパルダ向き。

エピスシア ピンクヘブン

葉色がピンク色に染まるエピスシ
ア。パルダリウムで混植すれば、
ひときわ目立つ存在に。

アロマティカス

キューバオレガノとも呼ばれるシ
ソ科の多年草。葉からはミントに
似たさわやかな香りを放つ。

ピレア・グラウカ

水分を好み、弱光にも耐えるピレ
アの仲間は、葉が小さく、パルダ
リウムにも最適。

ソネリラ・ドンナサメンシス

褐色がかった葉が放射線上に広
がって育つノボタン科の仲間。葉
脈の柄が目を引く丸い葉が特徴。

ヒューケラ ファイアーチーフ

小型のヒューケラで、あざやかな
ワインレッドの葉が魅力。

**フィランサス・
フェアリー**

小さく繊細な葉が美し
い植物。裏が赤色で、
表が銅葉というリバー
シブルカラー。新芽は
あざやかな赤色。小さ
な白花をつける。

ホマロメナ レッド

サトイモ科の植物で、新葉と茎が
赤茶から赤色に染まるタイプ。湿
度の高い環境を好む。

ミヤコジマソウ

ヒロハサギゴケとも呼ばれる多年草。日本では琉球諸島の宮古島などに分布。草体は小型で、茎は節から根を出し長く這う。

斑入りコゴメミズ

イラクサ科、ごく小さな多肉質の葉が特徴のコゴメミズで、真っ白な斑が入るタイプ。

ペペロミア・カペラータ

同種の矮性品種で、濃い赤葉が魅力。ほかの植物にあまり見られない存在感をもっている。

フィットニア レッドタイガー

燃えるような赤色の葉柄が特徴のフィットニア。栽培も容易で扱いやすい。

セントポーリア・イオナンタ

タンザニアの丘陵に自生するセントポーリアの原種。ロゼット型園芸品種の交配親とされている。

クルシア・ロゼア

玉子型の肉厚でつやつやした葉が特徴の観葉植物。株が大きくなりすぎないよう、生長に合わせて切り詰めるとよい。

ペペロミア タートル
つる状の茎に丸い愛らしい葉をつ
けるペペロミアの仲間。丈夫でパル
ダリウムの素材として扱いやすい。

**ビオフィツム・
デンドロイデス**
カタバミ科の植物で小型。
光の明暗によって葉を開閉
させる変わった特徴をもっ
ている。

**キューバ
パールグラス**
水草水槽の前景として
よく使われるゴマノハ
グサ科。極小の葉が
特徴で、小さな器のア
レンジに役立つ。

メニディラsp.
茎の赤色と明るいグリー
ンの葉が生えるメニディ
ラの仲間。ノボタン科。

**セントポーリア
ブリリアントブーケ**
八重咲きの豪華な花が咲くセントポー
リア。花弁の縁取りも美しい。

**セントポーリア
ホットピンクベルズ**
ピンクのかわいらしい花が咲く種
類。パルダリウムの彩りにおすすめ。

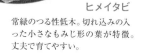

ヒメイタビ
常緑のつる性低木。切れ込みの入った小さなもみじ形の葉が特徴。丈夫で育てやすい。

フィロデンドロン・ミカンス
中南米原産のサトイモ科。フィロデンドロンのなかでは葉のサイズが比較的小さいので、パルダリウムに最適。

フィカス・プミラ ミニマ
フィカス・プミラの小型変種。温帯に広く分布するゴムノキの仲間で、耐陰性が強く栽培しやすい。

ヘデラ タイニーブッシュ
アイビーと呼ばれるヘデラの改良種で、細かい葉がまとまってブッシュ状に生長する。

スキンダプサスsp.
インドネシア産のつる性植物。葉は小型で、凹凸がある。丈夫で繁殖力も旺盛。

フィカス・プミラsp.
常緑のつる性植物。通常のフィカス・プミラよりも葉が大きく、白い斑の面積が広い珍しいタイプ。

**ヒメイタビ
沖縄本島産**
クワ科のイチジク属。一般種よりも葉が大きくワイルドなアレンジ向き。流木や苔壁への着生に適している。

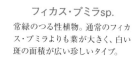

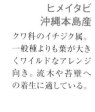

ディスキディアsp.

東南アジアやオーストラリアに分布するつる性の多年草。半日陰で栽培し、冬でも10℃以上をキープする。

ペリオニア・レペンス

ベトナム原産の匍匐性の多年草。やや厚くしっかりした葉を茂らせる。生長すると茎が枝分かれして殖えていく。

マルクグラビア

葉が小型で扱いやすいクライマープランツ。育成環境によって葉の色合いに違いが生まれる。

ペリオニア・プルクラ

匍匐して生長するイラクサ科。比較的乾燥に強く、パルダリウムの壁面に最適。

ラフィドフォラ・ハイ

熱帯アジアなどに自生するサトイモ科。壁面に這って育つ人気のクライマー植物。

コケモモイタビ

半つる性のフィカスの仲間。適度に分枝して広がるので、パルダリウムの脇役として利用したい。耐陰性も高くて丈夫。

ピペルsp.

つるが伸びて生長するピペル属の一種。種類によっては葉に色や模様が入るものもある。

ベゴニア・ボウエレ・
ニグラマルガ

メキシコ原産の原種。黒のトラ
柄模様の葉が特徴でコンパク
トな草姿にまとまるベゴニア。

ベゴニア・
クアドリアラータ

アフリカ原産のベゴニア。丸く
て柄の入る葉が魅力的で、茎
が長く伸びる。

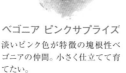

ベゴニア・ミニチフォリア

小さな葉が並ぶように展開するベ
ゴニア。小型の樹木として見立て
ることができる。

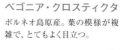

ベゴニア ピンクサプライズ

淡いピンク色が特徴の塊根性ベ
ゴニアの仲間。小さく仕立てて育
てたい。

ベゴニア デュードロップ

小型ベゴニアの変異株。丸く小さ
な葉をたくさんつける。葉の色合
いは生育環境によって変化する。

ベゴニア・プリスマトカルパ

イエローカラーのあざやかな花が
かわいらしい極小の原種ベゴニア。

ベゴニア・クロスティクタ

ボルネオ島原産。葉の模様が複
雑で、とてもよく目立つ。

ベゴニア・
ミクロスペルマ

カメルーン原産のベ
ゴニア。やわらかな葉
の質感で明るい葉色
が美しい。

ベゴニア・
ラジャ

マレー半島が原産の
ベゴニアで、園芸ルー
トでも出回る一般種。

ベゴニア・
ビピンナティフィダ

切れ込みの深い葉が特徴的なパ
プアニューギニア原産のベゴニア。
ダークブラウンの葉色と茎のレッ
ドカラーの対比が美しい。

ベゴニア・アンフィオキサス

長細い葉に散りばめられたピンク
のスポットが美しい人気の原種ベ
ゴニア。

ベゴニア・ネグロセンシス

ピンクドットとも呼ばれるベゴニ
アで、メタリックピンクの柄が印
象的な人気種。

ベゴニア・リケノラ

小型の葉が愛らしい原種で、匍匐
して生長するため、レイアウトの
グランドカバーとしても利用され
る。

ベゴニア・レックス ビスタ

赤紫色の濃淡2色で構成された葉を持つ品種。比
較的大型に育つため、中型〜大型パルダリウムに
向いている。

ヒメカナワラビ

渓谷沿いの岩壁や石垣に自生するシダ。小羽片には短いがはっきりとした柄がある。

タマシダ ダッフィー

葉身が細長く生長する小型の園芸品種。丈夫で育てやすいのが特徴で、明るい色合いの葉が放射状に広がっていく。

テクタリア・セイラニカ

湿った地面などにぴたりとくっついて育つ小型のシダ。育成しやすく扱いやすい種類だ。

プテリス・ムルチフィダ

高温多湿で直射日光が当たらない場所を好む。状態がよいと、盛んに新芽を出してこんもりと茂る。

ボタンファン

丸い葉が交互につき、茎がつる状に伸びていく。強い光が苦手なのでパルダリウム向き。

ダバリア ラビッドフッド

繊細な葉でパルダリウム向きのシダ植物。園芸品種名の由来となっているフサフサとした気根が特徴。

コシケシダ '龍の角'

渓谷など、湿った壁面の暗がりなどに群生するコシケシダの変異株。葉の縁の不規則なギザギザが特徴。

ドラゴンテイルファン

深く切れ込みの入る葉が四方に広がる小型のシダ。小型のパルダリウムなどに重宝する。

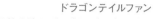

ミクロソラム・リングイフォルメ

さまざまな環境に対応する丈夫なシダ植物。匍匐して生長するので、壁面に這わせるクライマープランツとして利用できる。

アスプレニウム・レズリー

波打った葉の先端が分岐しているのが特徴。ビザールプランツとしても人気。

アスプレニウム・ブルビフェルム

繊細な葉が印象的なアスプレニウム。マザーファーンとも呼ばれる。

コタニワタリ

温帯地域に広く分布し、湿り気のある落葉樹林や薄暗い崖などに自生する。

トキワトラノオ

葉の形状は細かいが、やや硬質で光沢のある葉に生長するチャセンシダの仲間。

イヌアミシダ

ハート型の葉がユニークな小型のシダ。水切れには弱いので、湿度を保った環境で栽培する。

ミヤマムギラン

ラン科マメヅタラン属。
初夏に赤い小さな花
をつける小型の着生ラ
ン。比較的育てやすい
種類。

ステレオキラス・エリナセウス

茎が短く肉厚の葉を互生させる小型の着生ラン。
生長はゆっくりだが毎年初夏になると小さな花を
無数に咲かせる。

ディネマ・ポリブルボン

匍匐する小型のラン科植物。栽培
が容易な洋ランとしても知られ、
パルダリウムにも利用される。

デンドロビウム・キンギアナム

オーストラリア原産、セッコク属の
ラン科植物。花は立ち上がる花茎
の上に複数つける。

デンドロビウム サクラン

小型のデンドロビウムで、垂れ下
がる花穂に白から薄桃色の花を
たくさんつける。

アネクトキルス ベティ

葉の模様がキラキラと輝くジュエルオーキッドと
呼ばれる地生ランの仲間。卵形の葉に細かな模
様が入るタイプ。

グッディエラ・ヒスピダ

細長い葉に美しい模様が入
るジュエルオーキッド。

ドッシノキルス タートルバック

ビロード状の葉は丸型で、薄桃
色の葉脈にシルバーのラメが入
る。

**サラセニア・
プルプレア**

小型のサラセニアで最
も扱いやすい品種。
基本種は葉が赤紫色
に色づく。強めの光を
当てて育てたい。

ディオネア・ムスキプラ レッドグリーン

赤と緑色の色彩が明瞭なハエトリソウ。捕虫葉が
大きく、トゲも長くて存在感がある。

**ピンギキュラ・アグナタ
トゥルーブルー**

薄紫色の花を咲かせるムシトリス
ミレ。耐暑性のある丈夫な品種。

ヘリアンフォラ・ミノール

サラセニア科の食虫植物。ギアナ
高地の湿度が高い場所に自生。
冬は10℃以上に保温して育てる。

**セファロタス・
フォリキュラリス**

小さな袋状の捕虫葉を地表近く
に複数つける1属1種の食虫植物。

ドロセラ・スパスラータ

コモウセンゴケとも呼ばれ、日本にも自生するド
ロセラ。粘着質の葉は密生し、ロゼットをつくる。

ウトリクラリア・サンダーソニー

ウサギゴケという和名で知られるウトリクラリア。ウサ
ギのような姿の花が特徴。アフリカ原産の丈夫な品種。

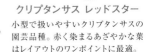

クリプタンサス レッドスター
小型で扱いやすいクリプタンサスの
園芸品種。赤く染まるあざやかな葉
はレイアウトのワンポイントに最適。

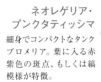

**ネオレゲリア・
プンクタティッシマ**
細身でコンパクトなタンク
ブロメリア。葉に入る赤
紫色の斑点、もしくは縞
模様が特徴。

ネオレゲリア ファイヤーボール
葉の長さが10〜15cm程度の小型種で、パ
ルダリウムに適した園芸品種。光に当て
ると葉が赤く染まる。

グズマニア・テレサ
小型のグズマニアで、パ
ルダリウムには最適な種。
赤い花を咲かせる。

ティランジア・イオナンタ
中米原産のエアプランツ。生長は
速く、強健でパルダリウムにもお
すすめ。

ティランジア・スカポーサ
イオナンタに近い種類で育てやす
いタイプ。紫色の筒状花を咲かせ
る。夏の高温には気をつける。

**ティランジア・
フンキアナ**
銀葉種でティランジアを
代表する有茎種。ベネズ
エラの固有種で、変種も
数多く存在する。

**ティランジア・
グロボーサ**
ブラジル原産のティラン
ジアで、水分を好む。乾
燥させるとすぐに弱って
枯れてしまうので注意。

タマゴケ

球状の蒴をたくさんつける姿が愛らしいコケ。やや日当たりのよい湿った場所に自生するが、乾燥すると葉がすぐに縮れてしまう。

シラガゴケ

高い湿度を好むが乾燥にも耐え、丈夫で育てやすいコケの種類。ヤマゴケの名で苔庭や盆栽などでもよく使われる。ホソバオキナゴケやアラハシラガゴケが有名。

ホウオウゴケ

鳳凰の羽根のような姿のコケ。日当たりの少ない湿った場所に群生し、高温がやや苦手。湿った葉は光沢があって美しい。

ヒノキゴケ

背の高い直立タイプのコケで、別名は「イタチのしっぽ」。乾燥に弱いため、密閉容器での栽培に向いている。

シルクモス

日陰の湿った土や岩などにマット状に広がるコケ。アオギヌゴケの一種とされ「シルクモス」の名前で流通。豊富な水分を好む。

プレミアムモス

水生ゴケの一種で、正式名称はナミガタスジゴケ。渓流の岩や流木などに着生する。水中もしくは湿度の高い陸地で育つ。

パルダリウムで育成したい！
魅惑の植物

attractive plants catalog for paludarium

ZERO PLANTS
おすすめの厳選32種

Photo & Text_Kengo Ono

パルダリウムに向く、ちょっと珍しいジャングルプランツをピックアップ！ 不思議な色彩や模様、形に魅了されるものばかり。あなたのパルダリウムに新たな1種を加えてみませんか？

01 ベゴニア・オケラータ
Begonia ocellata
ベゴニアのなかでも特徴的な丸葉にピンクスポットとトゲが映える美麗種。

02 ベゴニアsp. メタリックブルー
Begonia sp. "Metallic Blue"
メタリックカラーの葉色とは対照的に、新葉や茎の鮮明なレッドがあざやかで、そのコントラストがとても美しい。

03 ブレクナム・オブツサタム var. オブツサタム
Blechnum obtusatum var. obtusatum
ニューカレドニアの固有種で、原始的な草姿が印象的な小型の幹立ちシダ。比較的コンパクトに収まるため扱いやすいところも人気。

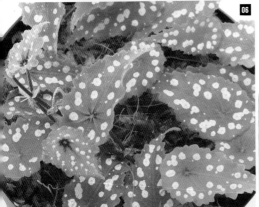

04 ソネリラsp. クワンシー
Sonerila sp. "Guangxi"
ディープグリーンの艶葉にホワイトスポットとピンクのトゲが映える中国原産のソネリラ。

05 サルコフィラミスsp. サンガウ
Sarcopyramis sp. "Sanggau"
ダークな葉に点在する細かなメタリックピンクのドットとトゲが美しい。

06 ベゴニアsp.　*Begonia* sp. (Gobenia section)
極小葉にホワイトスポットが入るかわいらしい南米原産のつる性原種ベゴニア。

07 ベゴニア・メラノブラータ
Begonia melanobullata
無数のブラックのスタッズが異彩を放つ原種ベゴニア。

08 ピペルsp. パプアニューギニア
Piper sp. "Papua New Guinea"
ダークな葉にあざやかなピンクスポットが散りばめられた美種。

09 ピペルsp.
Piper sp. 'Carranglan, Nueva Ecija'
ピンクのラメがとてもきれいな小型のピペル。

10 **スペックリニア・ドレッセレリ**
Specklinia dressleri
葉模様と小さな赤い花が特徴的な極小着生ラン。

11 **プラティステレ・スコプリフェラ**
Platystele scopulifera
パープルとイエローカラーの透ける花弁が愛らしい小型着生ラン。冷涼多湿を好む。

12 **レパンテス・カロディクティオン**
Lepanthes calodictyon
網目模様と葉を縁取るフリルがとてもかわいらしい南米原産の小型着生ラン。花のつきかたも独特。冷涼多湿の環境で育成する。

13 **レパンテス・マタモロシー**
Lepanthes matamorosii
レパンテス属のなかでも花と葉のバランスなどが最も優れた最美麗種。冷涼多湿で育成。

14 **ステリス・ミスタクス**
Stelis mystax
パープルカラーのシャープな花がとても美しい小型着生ラン。夏の高温に注意。

15 **マコデス・サンデリアーナ** *Macodes sanderiana*
　ゴールドに輝く葉脈がとても魅力的な地生ラン。

16 **マコデス・ペトラ** *Macodes petla*
　よく目にするタイプとは異なり、ブラックの葉がとても
　見栄えがする株。

17 **セファロマネス sp.**
　Cephalomanes sp."TRAT, Thailand"
　川辺に自生するシダで、清涼感溢れる透け葉に幹立ち
　する草姿がとても美しい。

18 **セリゲア・ムルデンシス**
　Selliguea murudensis
　マレーシア高地原産。小型の草姿に模様葉がかわいら
　しいセリゲア。冷涼多湿の環境を好む。

19 **セラジネラ sp.**
　Selaginella sp."Selangor, Malaysia"
　青い金属的な輝きが美しいセラジネラ。

20 **エラフォグロッサム・ペルタツム**
　Elaphoglossum peltatum
　南米原産の小型着生シダで、葉のバリエーションが豊
　富でじつに個性的。

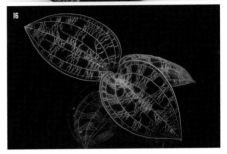

21 ネペンテス・アンプラリア
Nepenthes ampullaria
コロコロとした丸く小さな捕虫袋が魅力の食虫植物。

22 ネペンテス・ハマタ
Nepenthes hamata
黒光りする牙が印象的で、とても見栄えのするネペンテス。夏の高温に注意が必要。

23 マルクグラビアsp.エルコカ
Marcgravia sp."El Coca"
ビロード状のマットな質感でダークグリーンの葉が異彩を放つマルクグラビア。下垂して育つ。

24 マルクグラビアsp.パープルドワーフ
Marcgravia sp."Purple Dwarf"
小型の葉の縁にはエッジが入り、表面には独特な隆起模様がある。育生環境によってはパープルカラーになる着生種。

25 テラトフィラム・ロタンディフォリアタム
Teratophyllum rotundifoliatum
透ける葉と特異な草姿が特徴的なクライマーシダ。

26 ピレア sp.　*Pilea sp.*"Ecuador"
ギザギザした葉が特徴つる性のピレアと思われる種。

27 フィカスsp.イリアンジャヤ産
Ficus sp."Irian Jaya, Papua"
凹凸の激しい葉に毛が生え、少し毒々しいところが野
性味を感じさせる小型フィカス。

28 ホマロメナsp. *Homalomena* sp."Aceh Sumatra"
細葉に点在するトゲが特徴的な、スマトラ島産のホマ
ロメナ。

29 コドノボエア cf. プミラ *Codonoboea* cf. *pumila*
葉の縁には無数のパープルの毛が生え、毒々しくもか
わいらしい多年草。

30 サウバゲシア sp. *Sauvagesia* sp.
新芽があざやかで美しい樹木。小さなサイズで花が咲
き、コンパクトに収まる。

31 エンブレマンサ・ウルヌラタ
Emblemantha urnulata "Riau, Sumatera"
葉模様がとても特徴的で見栄えのすることから人気が
高い。マンリョウ科の1属1種、スマトラ島固有種。

32 不明種 Unknown from Borneo "Blue leaves"
青い色を帯びる魅惑的な葉が印象的な、ボルネオ島に
自生する不明種。

CHAPTER

3

making process and maintenance

パルダリウムの
制作と管理

パルダリウムをつくるために必要になるアイテムや、レイアウトの方法
を紹介します。どんな植物を使って、どのようなスタイルのパルダリウ
ムにするのか、さまざまな基礎知識やヒントを得ながら、自分なりの
アレンジを完成させてみましょう。

GOODS

パルダリウムに必要なアイテム

[item 01] 容 器

パルダリウムには植物を入れるための容器が必要。透明な容器であれば、どんなものでも使用できますが、ある程度密閉できるタイプがベスト。容器にフタや扉をつけることで、容器内の湿度が保たれ、おもに水分を好む植物が管理しやすくなります。容器のサイズもさまざま。本格的なパルダリウムをめざすなら、フタ付きの水槽や専用のガラスケースを用いるとよいでしょう。より多くの植物を育てることができ、多彩なレイアウトも楽しめます。

すべてにフタがついていてパルダリウムにも使用できる小型水槽（グラステリアフィットシリーズ／ジェックス）。いろいろなサイズが選べる。

前面と上部などに通気口がついているガラスケージ（レプテリア・クリアネオシリーズ／ジェックス）。植物の栽培と同時に小型爬虫類・両生類などの飼育も楽しめる。

手軽にインテリア性の高いパルダリウムが楽しめるガラス容器（グラスアクアシリーズ／ジェックス）。いくつかの形状があり、専用のフタも販売されている。

爬虫類飼育者にはおなじみのガラスケージ（グラステラリウム3045／ジェックス）も機能性に優れ、パルダリウムケースとして最適。

適度な通気性と独自の排水構造で、植物の管理育成がしやすい、パルダリウム専用のガラスケース（パルダリウムケージプロPCP3045／レインフォレスト／30×30×45cm）。上部に備えられた直径約12mmの穴には、ミストシステムが取りつけ可能。

item 02 用土

パルダリウムの底床には、硬質のアクアソイルが最適。適度な栄養分を含み、不純物の吸着効果もあります。さらに、容器内の排水性を高めるために、用土の底に軽石やハイドロボールなど、粒の大きな素材を敷く場合も。また、レイアウトをするうえで便利なのが造形材。自由な形をつくれる用土で、植物の育成も可能。床に起伏をもたせたり、背面や側面にはりつけて使用できます。このほか、変化をつけるために化粧砂を利用することがあります。

アクアソイル

アクアソイル
パウダータイプ

化粧砂、砂利

水苔

造形材

小型のアレンジ用に販売されているソイル（テラリウムソイル／HIROSE）。ノーマルとパウダーがある。

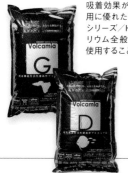

吸着効果が高く、水の浄化作用に優れたソイル（ブルカミアシリーズ／HIROSE）。パルダリウム全般の基本用土として使用することが可能。

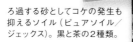

ろ過する砂としてコケの発生も抑えるソイル（ピュアソイル／ジェックス）。黒と茶の2種類。

自由な形がつくれ、パルダリウムの背面や側面などにはりつけて使用できる造形材（造形君／ピクタ）。コケをはじめ、さまざまな植物が育てられる。

GOODS

item 03 素 材

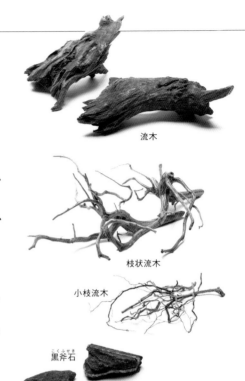

流木

アレンジに取り入れたいのが流木や石な
どの天然素材。ナチュラルな作品づくりに
欠かせない存在です。流木と石にもさま
ざまな種類があり、色合いや形状、質感、
サイズなどに違いがあるので、レイアウト
のイメージに合わせて選びましょう。また、
パルダリウム用の人工の素材も充実して
います。制作の幅を広げる工作用のパネ
ルや、吸水性が高くて植物が植えられる
フォーム材、マイクロファイバー製の植栽
布など、これらをうまく利用することで、
美しいレイアウトと、植物の長期育成が
可能になります。

枝状流木

小枝流木

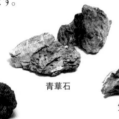

黒斧石

魔金石

溶岩石

青華石

気孔石

植物を固定することが可能な植栽パ
ネル（植える君／ピクタ）。給水性
能が高く、水が全体にいきわたるこ
とから植物の水切れを防いでくれる。

マイクロファイバーの特殊構造に
より、高い保水力をもつ植栽布（活
着君／ピクタ）。植物の活着性に
優れ、水を誘導させることもできる。

強化発泡スチロール製の工作
用パネル（作れる君／ピクタ）。
土台や陸地、ポンプカバー、シェ
ルターなどを手軽に工作するこ
とが可能なアイテム。

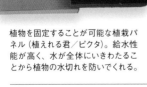

item 04 照 明

植物を育てるうえで、光はとても大切な要素。光合成をすることによって、植物は必要なエネルギーを得ています。室内に設置するパルダリウムの場合は、ほとんどの場合で照明が必要です。強い光を好まないコケやシダの仲間でも暗い場所では状態よく育ちません。植物育成用のLEDライトを利用するのがおすすめ。さまざまな製品が市販されていて、容器のサイズに合わせて選びます。照明の点灯は、1日10時間程度が目安。タイマーを設置すると、規則的な環境をつくることができます。

小型から中型の容器に対応する育成用のLEDライト（ピテラ、リーフグロー／ジェックス）。フレキシブルアームは長さ調整、角度調整が可能で、どんな容器にも最適な距離、角度で照らすことができる。自然でさわやかな光が、緑を色あざやかに照らしてくれる。

太陽光に近いRa90の光を放つ、植物育成用の小型LEDライト（そだつライト／ジェントス）。3段階の明るさに調光が可能で、高さ30cmまでの容器に対応する。

小型アレンジに最適なスタンドタイプのLEDライト（こもれび／水作）。植物の育成に最適できれいに見せる6500Kの高輝度LEDチップを使用。高さ調節が可能なスライド機能付き。

中型から大型のパルダリウムには。水草育成に適したアクアリウム用のLEDライトを使うとよい。写真はアクアリスタ・クリアLEDシリーズ／ジェックス。水槽やケース幅のサイズに合わせて選ぶ。

容器内の湿度調整をしてくれるファンがついたLEDライト（エアー＆ライト／vasee）。湿度の数値や光量、照射時間が設定できる優れモノ。

ミストシステム、その他

植物の栽培でもっとも頻繁に行うのが水やり。乾燥を防いで適切な湿度を保つためには、密閉環境でも1～2日に1回以上は十分な霧吹きを行うとよいでしょう。そこで強い味方になってくれるのがミストシステム。自動で霧を発生させて噴霧できる装置で、1日の噴霧回数や水量を設定でき、貯水槽からポンプやコンプレッサーで水を吸い上げて霧を発生させます。このほか、パルダリウムでも使いやすい小型の揚水ポンプや、通気をよくするファンなども販売されています。

高圧力プレッシャーポンプやミストノズル、チューブ、デジタルタイマーなどがセットになったミストシステム（フォレスタ／ゼロプランツ）。タイマーによる秒単位設定が可能な高性能タイプ。

タンク一体型のミストシステム（モンスーンソロ／ジェックス）。本体のほか、耐圧チューブ、ノズル、交換用ノズル、キスゴムがセットに。チューブをつなげて、ボタンを押すだけの簡単設計で、使用シーンに合わせミストの噴霧サイクルや時間を設定できる。

扱いやすい小型のファン（テラベンチレーター／ジェックス）。通気口の上に置くだけで、空気の淀みや蒸れを解消してくれる。

超小型のろ過フィルター（ピコロカ／ジェックス）。小型水槽のフィルターやアクアテラリウムの揚水ポンプとしても利用できる。

アレンジに遊び心を加えるなら、かわいらしいミニフィギュアを使ってみても（ほとりえミニチュアピック／水作）。

item 06 作業の道具

パルダリウムをつくるときや植物を管理するときに必要となる道具もさまざま。植物の葉や根をカットするときのハサミや、植物を植え込んだり、コケを配置するときなどのピンセット。これらはアクアリウムの水草育成用のものが使いやすくて便利です。このほか用土を入れるときに使う土入れや、余分な水を吸い取るためのスポイト、霧吹きと水差しなども用意しましょう。さらに、パルダリウムの制作時のアイテムとしてシリコンや接着剤などが使われることがあります。

アクアテラリキッド（ジェックス）は、天然由来成分の殺菌効果によって、流木などに発生するカビを抑制。湿度が高い環境では多めにスプレーすると効果的。

バクターDD（HIROSE）は生きたバクテリア製剤。パルダリウム内に適量噴霧すると、バクテリアの効果でカビの抑制にもつながる。

マグフィットフロート（ジェックス）はマグネットタイプのクリーナーで、小型容器の内側の汚れをきれいに落とす便利アイテム。

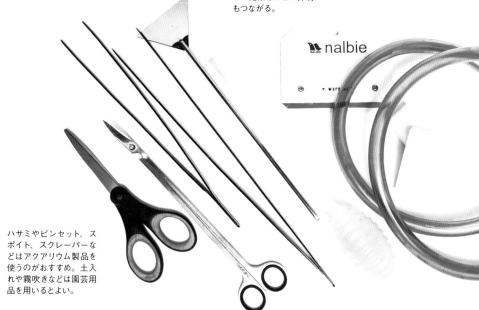

ハサミやピンセット、スポイト、スクレーパーなどはアクアリウム製品を使うのがおすすめ。土入れや霧吹きなどは園芸用品を用いるとよい。

Think about paludarium layout

レイアウト概論

パルダリウムをレイアウトするといっても、初心者にはどのように考えて、どこから
手をつけてよいのかわからないもの。まずレイアウトとは何かという概念の部分
を、わかりやすく解説してもらいましょう。キーワードは「美しさ」の捉え方です。

Text_広瀬泰治 Yasuharu Hirose

　パルダリウムやアクアリウムの水槽レイ
アウトを制作する際に、わたしが最も重
要だと考えるのは、なぜそれをつくるのか
という目的です。自宅のリビングに飾るも
のなのか、販売するためなのか、他人に
評価してもらう（コンテスト出品や展示
会）ためか、メディアに載せるためなのか。
これらの目的によってつくり方や内容は
大きく変わります。

　そのうえで、よりよいレイアウトとは何か
という条件を考えます。

❶美しいこと
❷長い間見続けて飽きないこと
❸長期間維持しやすい（水槽内の生き
　物が長く生き、管理しやすい）こと
❹見ているだけで落ち着く、癒やされるこ
　と

　美しさは第一の条件です。水槽レイア
ウトが趣味としてこれほど世の中に広ま
っているのは、ひとえに「美しい」からで
はないでしょうか。美しいレイアウトをつ

くることは、すべてのクリエイターの共通
目的といっても過言ではありません。では、
そもそも「美しい」とはどのような状態な
のでしょうか。

　禅の哲学的なものの捉え方の一つに
「すべての物事や出来事はあるがままで
あり、そこに意味はない」といった考えが
あります。つまり自然はただそこにあるだ
けで美しさなど持たない存在で、それを
美しいという判断を付け加えているのは
その人間の価値観に過ぎない、というこ
とです。

　では、その美しいと感じる価値観はど
うやって人間のなかにできあがるのでし
ょうか？　それはおそらく、学習や教育
によるものです。生まれてから今日に至る
までに、その人が見聞きして得た「これが
美しい」という膨大な情報の集積によっ
てつくり出された、いわばその人の脳に存
在する独自のフィルターが美しさを感じさ
せているということです。人によって脳に

蓄積される情報の質は異なりますので、当然美しさの基準も人によって異なります。

　ですから、これが正解という共通の答えはありません。つくる人の数だけ答えはあります。つまり、表現には無限の可能性があるということです。そのうえでこれからレイアウトを制作される人は、「自分にとって美しい作品とは何か」ということを知ることが、まず肝要であると考えます。また、他人にも評価される作品をつくりたいのなら、より多くの人が美しいと考える共通基準は何かを知ることが大切になります。

　では、実際にどうすれば美しいレイアウトを構成できるかを考えてみましょう。最も簡単な方法は真似ることです。先人たちの作品の中から、自分が美しいと感じる水槽レイアウトを選び、そっくりそのまま真似してつくることです。人類のあらゆる叡智や技術は先人たちの生み出した

ものの「真似の積み重ね」にすぎません。これは理屈なしできるところがメリットです。ここでのポイントは、個性を出そうとせず「そっくりそのまま」真似るということです。

　また、真似という方法でいえば、自然のとある部分を切り取るようにしてフレーミング（枠に当てはめて切り取る）して水槽内でそっくりそのまま表現したり、パルダリウム作品に関わらず、美しいと一般的にいわれている風景写真や絵画などを自分なりに再現するという手法もあります。

　さらに踏み込んでオリジナリティのある作品をつくる場合は、生花や絵画など、パルダリウムやアクアリウム以外の自然を表現する芸術的手法を取り入れて構成してみるとよいでしょう。とくに生け花は、一般的にいわれている構図の基礎を身につけるには最も効果的です。自分だけでなく他の人からの評価も得たい場合は、より多くの人が美しいと評価しているさま

ざまな業界の芸術的な要素を取り入れることで質の向上を図れます。

美しいレイアウトをつくる際の具体的要素としては、遠近感や左右・上下のバランス（シンメトリーではなくアシンメトリー）、立体感（陰影）、全体の統一感、色彩の統一感と変化、単調にならないための変化、リアルか抽象的かなどが考えられます。実際のレイアウトは、さまざまな素材や植物の特性を生かしながら、これらの要素を加味して組み立てていきます。

また、レイアウトの構成を決める最初の段階で、重要な要素のひとつに、景色のサイズ感の捉え方があります。具体的に説明すると、自然をそのまま切り取ってそのままの縮尺で容器内に表現するのか、または、山や滝、川などがある大きな風景を縮小して抽象的に表現するのかという選択です。

たとえば、ひとつの植物の葉があったとき、前者においては、葉は葉でしかありません。しかし後者においては葉は茂みや森などの表現ができます。レイアウトの構成物を抽象的に「見立てる」ことで、より大きな景色を表現できるのです。これは植物に限らず流木や石でも同じように、他のものに見立てることができます。そして、前者と後者ははっきりと区別しなければならないものではありません。巧みに使い分けることで、表現の幅を広げることができます。

パルダリウムやアクアリウム全般にいえることですが、生きている植物を使用して表現する場合は、材料である植物の性質をよく理解する必要があります。絵画の絵の具は数年では大きく変化することはありませんが、植物は毎日少しずつ変化しますし、植えかたによっては枯れることもあります。植物が生長すれば、葉の大きさや草丈なども変わっていくので、定期的な手入れは欠かせません。つまり、制作したあとのこともしっかり考えなければいけません。植物が生長していくことをイメージし、育成を楽しみながら、美しいレイアウトをつくるというのが理想といえます。

とくに、はじめてパルダリウムをつくるとなると、難しそうだとか、失敗したくないと躊躇してしまうケースがよくあります。でも、一度も枯らさずに上達する人はいないと私は思っています。何にでも共通することですが、どんなに知識があっても、すべてがはじめからうまくいくことはありません。実際にやってみると、最後は感覚的なものが重要で、失敗することでわかることがたくさんあります。上達するにはまず実践すること、さらに失敗せずに上達はしない、ということも覚えておくとよいでしょう。

美しいパルダリウム制作の実践！

レイアウトのポイント集

● 器のサイズや形状を決める。横長であれば地平の広さを感じさせ、縦長であれば、高低差を生かしたレイアウトに。

● メインになる植物と脇役になる植物を決める。

● レイアウトを構成する素材の主役を決める。流木なのか、石組みなのか。

● 構図を決める。【図参照】

● 土は奥に行くほど高くして高低差をつける。

● 流木などの配置は、直立や水平の配置を避ける。基点をつくり四方へ放射状に広がるイメージで。

● 空いている空間をつくる。

● 石や植物などの素材は、手前に大きいもの、奥に小さいものを配置すると遠近感が出る。

● 影ができる部分をつくる（植物を植えない場所をつくる）。

● 流木や石などの組み合わせでは、そのフォルムを反転させ、背景のシルエットも意識するとよい。

● 植物の育ちかたを考えて配置する。

● メインの植物とサブの植物が水平や垂直にならない位置に配置する（3種類あれば、正三角形ではなく、不等辺三角形の位置に配置する）。

● 石や流木の際に植物を植えると自然感が増す。

● 植物の根元がなるべく見えないようにする。匍匐する植物やコケなどでカバー。

● グリーンの濃淡や葉の形状などが異なる植物を取り入れて変化をつける。

● 赤葉の植物を効果的に利用する。

● コケは全体に貼らず、空いているスペースをつくる。

● レイアウトをつくる際にはたびたび正面から見て確認する。写真を撮って、客観的な視点で見るとよい。

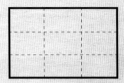

水槽を正面から見て横3分割、縦3分割して構図を考えるとよい。縦長水槽でも同様。

谷型や山型、スロープ型などのアレンジが考えられる。

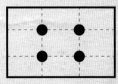

3分割のラインが交差する位置あたりに、主役の植物を配置すると、全体のバランスが整いやすい。

小さなボトルパルダを
つくってみよう。

まずは小さなボトル容器を使って育成にチャレンジ！
天然素材の使い方や植物の植えつけ、管理の基本を身につけましょう。

Creator_Yoshitaka Hirose

【用意するもの】
- フタ付きのガラス容器
- 流木
- 石
- アクアソイル／ノーマル
- アクアソイル／パウダー
- 植物各種

01 フタ付きのガラス容器を準備。100円ショップなどでも販売されている。

02 テラリウムソイルを、底から1〜2cmほど入れる。

03 ちょうどよいサイズの流木を入れる。左奥に配置するイメージで。

04 流木の右側前方に石を入れる。植物を植える中心部分を空けておく。

05 テラリウムソイル・パウダーを2〜3cmほど入れる、後ろに向かって傾斜をつけると立体感が出る。

06 全体が湿るように霧吹きを。精製水、もしくは軟水を使うと水アカがつかないのでおすすめ。

07 ピンセットを使って、主役となるベゴニア・ネグロセンシスを中央付近に植える。

08 流木の後方からのぞくような位置にネフロレピスを植え、手前にフィカス・プミラ・ミニマを配置。

09 石の縁や植物の株元にシラガゴケを配置。ピンセットで少量ずつ。

10 流木にシルクモスを貼りつける。次第に着生するので、よく湿らせてのせるだけでOK。

11 全体のバランスを確認し、軽く霧吹きしたあと、フタをして完成。

小型のLEDライトを使うか、カーテン越しの明るい窓辺に置いて管理する。

paludarium
process NO·

02

30cmキューブ水槽で
背面を利用した景観をつくる。

幅30cm以上の容器を使えば、工夫を凝らしたさまざまなレイアウトが楽
しめます。ここでは背面を緑化するスタイルを紹介しましょう。

Creator_Yoshitaka Hirose

【用意するもの】
●30cmキューブ水槽
●LEDライト
● 流木各種　●溶岩石
● アクアソイル／ノーマル
　（アクアプランツソイル）
● テラリウム用吸水スポンジ
　（植えれる君）
● 造形材（造形君）
● 植物各種

01 幅、奥行き、高さが同じ、
30cmキューブ水槽を用意。

02 今回レイアウトの土台に使う
流木。サイズと景観のイメー
ジに合わせて選ぶ。

03 吸水スポンジ（植えれる君）
を背面に置く。水槽サイズに
合わせてカットし、右下を切
り抜いた。

04 造形材（造形君）に水を加え
てよく練ったものを下から貼
りつけていく。

05 空洞部分の隅もていねいに
造形材を貼りつける。

06 造形材は盛るというイメージ。
凹凸をつくることで自然な立
体感が生まれる。

07 流木を配置する。背面の空洞を生かすように左奥から右手前に向かうような位置に。

08 アクアプランツソイルを敷く。植物を植えるため3cm以上敷き詰める。

09 ソイルは背面が高くなるように傾斜をつける。左側は流木が土留めの役割を果たす。

10 バランスを見ながら溶岩石を配置していく。

11 溶岩石の配置後。水槽の正面から見て、奥行きを感じさせる位置関係を探る。

12 全体に霧吹き。ソイルもすべて湿らせるが、底に水が溜まらないように。

13 シート状に広がるシルクモスを適度なサイズにちぎって、背面の造形材の上にのせる。

14 地層のような凹凸をイメージしてつくっておくとコケを置いたときに、より自然な雰囲気に。

15 シルクモスを流木や溶岩石の上にも配置。湿度があれば、自然に活着する。

16 ミニマムブランチウッドを配置する。流木の流れに沿って配置するとよい。

17 よく目立つ空洞部分にもミニマムブランチウッドを。木の根が露出しているイメージで。

18 小枝流木の配置が終了。ナチュラルな雰囲気漂うレイアウトの土台が完成した。

19 基本的には壁面下部から上部へ植栽していく。まずはネオレゲリア・パルマレスを植える。

20 クリプタンサス・ビッタータスを、ネオレゲリアの斜め上に配置した。

21 つる性のペリオニア・プルクラを右上に植栽。

22 フィカス・プミラ・ミニマやネフロレピスなど、形や色彩の異なる植物をあしらっていく。

23 ネオレゲリアの手前には、プテリス・トリカラーと、マルクグラビア・ウンベラータを配置した。

24 ディネマ・ポリブルボンの根にケト土を巻いて、中央部分、流木のすき間に植えつける。

25 手前のスペースにはシラガゴケを置く。

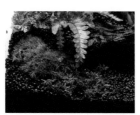

26 その手前にシルクモスを配置。空いているスペースをつくったほうが自然に見える。

27 最後に霧吹きをかけてフタをする。

アクアリウム用のLEDライトを設置し、1日10時間ほど点灯させる。

【用意するもの】
- 60cm水槽
- 底面フィルター
- 水中ポンプ
- ライト
- 流木各種
- 溶岩石
- アクアソイル（プルカミア）
- 植栽布（活着君）
- 造形材（造形君）
- シリコン
- 植物各種　ほか

paludarium
process NO·

03

滝が流れる
水辺のアレンジに挑戦！

植物が育つ水辺の環境を、そのまま水槽内に表現してみましょう。
水の流れを計算しながらレイアウトする、上級テクニックを公開。

Creator_Yasuharu Hirose

01 幅60、奥行き30、高さ36
cmの規格水槽を用意。

02 底面フィルターと水中ポンプ
を設置。ポンプには目立たな
いブランチチューブを取りつ
けて。

03 大きな流木を理想のサイズに
カットし、複数をつなげてい
く。

04 流木同士の接着は、まず電動ドリルで穴をあけ、そこにビズを通して固定する。

05 滝が流れる部分が完成。左上から水が流れ、カーブして左下に流れ落ちるイメージ。

06 滝とは逆の部分に土留めとして配置される流木。

07 水槽内に組み上げた流木を設置。右の大きい山が手前、左の小さい山が奥になるように配置している。

08 水が出るブランチチューブをビズ止めして流木に固定する。

09 水が流れ出る部分をカット、背後に水が流れないように斜めにカットする。

10 水の向きを調整するため、小さな流木の破片を固定する。

11 水が流れる部分のすき間を埋めるためにシリコンを使用。色はダークブラウン。

12 シリコンが固まる前に、流木をカットしたときに出る木くずを上からふりかければ、自然な雰囲気に。

13 底床にはブルカミアを使用。5cm程度と、比較的厚めに敷くことで、水の高い浄化作用が得られる。

14 手前に溶岩石を配置。複数使用し、遠近感が感じられるような配置に。

15 流木と石の配置が完成したが、まだ全貌は見えてこない。

16 水を入れる。底砂を上にビニールを敷き、そこに注げば、土が掘れたり、舞うことがない。

17 水を入れ終えたら、水中ポンプのスイッチを入れ、水の流れを確認する。調整が必要になる場合もある。

18 左側は植栽スペースにするため、用土が水に浸からないようにする。まずは小さな溶岩石を奥に敷き詰める。

19 溶岩石の上に植栽布（活着君）を敷く。植栽用ではなく用土が漏れないようにするため。

20 活着君の上に造形材（造形君）をのせていく。凹凸をつけて自然な雰囲気に。

21 左側は造形材によって高い傾斜をつくり、多彩な植物が植えられるようにした。

22 枝状流木を入れることで、よりナチュラルな演出を。

23 左右の島から複数の枝流木が飛び出すように配置した。

24 水が流れる部分には、ライン状にカットした植栽布（活着君）を設置。新たな水の流れをつくる。

25 ライン状の活着君の上にシルクモスをのせていく。

26 全体にコケを配置。シルクモスのほかにシラガゴケも使った。

27 フィカス・シャングリラを右上に植える。根を活着君で覆って植栽している。

28 コケの上にはダバリア・ラビットフッドやペリオニア・プルクラを配置。

29 水際には水辺の植物を。リシマキアと斑入りセキショウ。

30 フィカス・プミラ・ミニマを配置。U字に曲げた針金を差し込んで茎を固定する。

31 緑が少しずつ増えてくると、自然の地形へと変貌してくる。

32 小枝状のミニマムブランチウッドを随所に入れることでより自然感が高まっていく。

33 左側の中心部分には、葉の模様がきれいなエピスシアを植えつけた。

34 水中にもグリーンを。ヘテランテラやミグミーチェーンサジタリアなどを植えている。

35 植栽が完成！
ここからさらに緑が茂っていく様子も楽しめる。

36 水中にはゴールデンアカヒレ
を泳がせた。あまり主張しす
ぎない落ち着いた雰囲気の魚
を選んだ。

水槽には専用のガラスの
フタを取りつけ、LEDラ
イトをセッティング。

滝の部分を眺めれば、大自然のようでもあり、実際の
自然を切り取ってきたかのようにも見える。とにかく、
水が流れる様子は見ていて飽きない。せせらぎのよう
な音にも心が安らぐ。

MAINTENANCE
パルダリウムの管理

01 水やり

　植物への水やりは日常管理の基本です。パルダリウムの場合、密閉された環境下であれば頻繁な水やりは必要ありません。しかし、1日に1〜2回程度は霧吹きをして湿度をコントロールするとよいでしょう。大型のパルダリウムケースではミストシステムを導入すると、自動的に水やりを行ってくれるので便利。

　用土は常に湿った状態であっても問題ありませんが、水が底に溜まっている状態はNGです。一般的なソイルでは、雑菌などが繁殖して根腐れしやすくなります。パルダリウムの専用ケースでは、底に溜まった水を抜くための排水口がついているタイプが多く、不要な水を溜めない構造になっています。排水できない容器を使用する場合は、なるべく底に水を溜めないように、水やりに注意しましょう。基本用土の下に、ハイドロボールや軽石を入れ、さらに根腐れ防止剤を適量入れておくと安心です。

02 肥料

　おもにパルダリウムで利用される植物は、豊富な栄養分を必要とする種類は少なく、水分と光が十分に得られていれば、状態よく生長するタイプがほとんどです。したがって、あらかじめ用土のなかに栄養分を施す元肥は必要ありません。

　しかし、長期間育成していると、生長のスピードが鈍り、葉の色彩があせてくるケースが見られます。このような場合には、観葉植物用の液体肥料を規定量に希釈して霧吹きで与えるとよいでしょう。一方、肥料を与えすぎると藻が発生するので注意が必要です。肥料は少しずつ、様子を見ながら与えるようにしましょう。

　さらに、根腐れ防止剤や水腐れ防止剤として使われている珪酸塩白土（ミリオンAなど）はミネラル分を含んでいます。肥料の効果をコントロールする働きもあるので、肥料と同じように生長を促すものとして、パルダリウムの植物に活用できます。

03 切り戻し

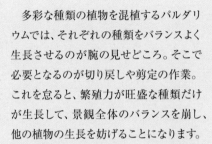

多彩な種類の植物を混植するパルダリウムでは、それぞれの種類をバランスよく生長させるのが腕の見せどころ。そこで必要となるのが切り戻しや剪定の作業。これを怠ると、繁殖力が旺盛な種類だけが生長して、景観全体のバランスを崩し、他の植物の生長を妨げることになります。

シダなどのように根元から茎を伸ばすタイプが生長し、葉が増えすぎたら、根元から適量の葉をカット。主茎がまっすぐ伸びるタイプの植物は、伸ばしたい脇芽の少し上でカットすると、その脇から葉が出て生長します。おもに、節が間延びしているタイプを選んで切り戻しましょう。切り戻しで株をリフレッシュさせると、体力が回復して色あざやかな葉が新たに展開してきます。また、こまめに剪定すると、葉が大きくならず、小さな株のまま維持される種類もたくさんあります。様子を見ながらこまめに手を入れることで、植物たちを理想的な形に生長させましょう。

04 殖やし方

植物の殖やし方は株分けや挿し木、挿し芽が一般的。株分けは複数の芽や子株ができている株を切り分ける方法。根や茎葉がそのままついているので、確実に殖やせます。ブロメリア類やスパティフィラム、ネフロレピスなど多くの種類で適用できます。タンクブロメリアの場合は、開花後複数の子株が発生しますが、すぐに切り離さず、親株の半分程度のサイズになってからカットしたほうが確実です。

挿し木や挿し芽は、葉のついた茎や枝を挿し穂にして苗床に挿す方法で、一度にたくさんの株が得られます。挿し床はバーミキュライト、赤玉土、鹿沼土など、保水と排水性が高く、肥料分のない用土を使用します。挿したあとは、乾燥させないようにして日陰で管理。1週間から1カ月ほどで発根します。コケは細かくカットして苗床にまき、乾燥させずに管理すれば、新しい葉が出てきて殖えていきます。

MAINTENANCE
パルダリウムの管理

05 リニューアルの方法 Creator_Yasuharu Hirose

　植物が育つのはうれしいが、繁茂しすぎると全体のバランスが悪くなり、観賞価値が下がります。長期間維持して伸びすぎてきたら、大幅な切り戻しや剪定を行って大幅なリニューアルを行いましょう。

　ここでは、約2年前に制作されたパルダリウムを例に実際の作業を紹介します。伸びたつる植物をカットし、枯れ葉や下草を除去。ソイルを新しく入れ替えて、装い新たなパルダリウムに仕上げます。

BEFORE

制作して2年が経過したパルダリウム（レプテリア・クリアネオ 250High／ジェックス）。一時はイエアメガエル2匹も飼育していた。つる植物が伸び、底面には藻が繁殖している。

01 伸びすぎたつる性のフィカス類は手で引っ張って根元付近からカット。

02 フィットニアは茎が分かれて徒長している状態。親株を残してカットした。

03 フィカス・プミラ・ミニマなどは残す茎を決めて切り詰める。

04 つる植物をカットしたら、なかからタンクブロメリアが現れた。

05 下に落ちた枯れ草などもきれいに取り除く。

06 薄茶色に枯れた部分のコケもピンセットで取り除いた。

07 底床に植わっていたプテリスも根から抜き取る。

08 植物の剪定などが終わったら、上からたっぷりと霧吹き。

09 ガラス面の汚れをスポンジできれいに拭き取る。

MAINTENANCE
パルダリウムの管理

10 ブロメリアの葉にも汚れがついているので、スポンジで拭き取る。

11 作品の上部から水を流し入れる。汚れを洗い流すイメージで。

12 そこに水が溜まったら、ホースでソイルごと抜き取る。あらかじめホースのなかに水を入れておくと吸い出しやすい。

13 手前のソイルを除去し、周囲のガラス面をきれいにした状態。

14 新たなソイル（プルカミアD）を入れる。プルカミアは水分の浄化能力が高いソイルでパルダリウムにも適している。

15 手前を低く、奥を高く敷き詰めることで、レイアウトの立体感が生まれる。

16 カットしたり、抜き取った植物をきれいに整え、再利用する。

17 プテリスの根をピンセットでつかみ側面に埋め込むようにして配置する。

18 切り戻したフィットニアを新たに植え込む。

19 手前に溶岩石を置いて自然感アップ。

20 ガラス面についた水アカは専用のスクレーパーで落とす。

21 全体に霧吹きをして完成。

AFTER

リニューアルしたパルダリウム。底砂が新しくなるだけで大きく異なる印象に。それぞれの植物も新鮮な美しさを取り戻した。

SHOP GUIDE

ヒロセペット谷津本店

創業50年を超える老舗アクアリウムショップの本店。豊富な熱帯魚や水草の在庫を誇り、ブルカミアをはじめとするオリジナル商品を多数扱っています。また、本書監修の広瀬祥茂さんがクリエイティブマネージャーとして勤務し、数々のパルダリウム作品を展示販売しています。2階ではアクアリウムギャラリーを開設。祥茂さんがつくる本格的なアクアリウムやパルダリウムが見学できます。ここで定期的にワークショップも開催中。

千葉県習志野市谷津4-8-48
営業時間 11:00〜19:00
定休日 なし
TEL.047-452-7676
https://hirose-pet.com

ヒロセペット
成田空港店

本書監修の広瀬泰治さんがオーナーを務めるショップ。本店同様、オリジナル商品を数多く揃えるなか、パルダリウムの普及にも力を入れ、数々の提案を行っています。大小のパルダリウムが展示されているほか、古くから手がけてきたアクアテラリウム作品も見どころ。幅奥行き2mの巨大アクアテラは一見の価値あり。流木や石などの素材も豊富に取り扱っています。

千葉県山武郡芝山町大里
18-46
営業時間 12:00〜19:00（平日）、11:00〜19:00（土日祝）
定休日 水曜、木曜
TEL.0479-78-0446

ピクタ

テラリウムやパルダリウムに適した植物の生産を手がけ、おも
に小さく育つ植物を数多く販売しています。また、造形君や
活着君、植えれる君など、レイアウトに欠かせないオリジナル
グッズの開発も行うメーカーとしても知られています。

オンラインショップ　https://shop.picuta.com

ゼロプランツ

多彩なジャングルプランツを扱うオンラインショップ。近年
「ゼロニア」というベゴニアのオリジナル交配種を発表して話
題に。今後も新たな交配を進めていく予定。用品ではミスティ
ングシステムの「フォレスタ」や、ガラスケージの
「JUBAKO」も販売しています。

オンラインショップ
https://www.zeroplants.com

杜若園芸
とじゃく

京都に生産拠点を置く、水生植物専門店。スイレンやハスの
生産を幅広く行っていますが、アクアリウムやビオトープ、パル
ダリウム関連で使用できる植物の取り扱いも豊富です。

オンラインショップ　https://www.akb.jp
生産直売店　京都府城陽市寺田庭井108-1　TEL.0774-55-7977

ヒーローズピッチャープランツ

食虫植物専門のナーセリー。幅広い品種を取り扱っています
が、とくにネペンテスの生産に力を入れ、オリジナルの交配種
も多数作出。珍しい高山性の種類も数多く手がけています。

HP　https://www.hiros-pp.com
ヤフー店　https://store.shopping.yahoo.co.jp/hiros-pitcherplants
ヤフオク店　https://auctions.yahoo.co.jp/seller/hiros_pp

監修

広瀬泰治
（ひろせ・やすはる）

1980年、千葉県生まれ。株式会社泰広代表取締役。ヒロセペット成田空港店オーナー。古くからアクアテラリウムの制作を手がけ、数々のコンテストで優勝を果たす。近年はパルダリウムにも注力し、これまで培った技術で、美しさを追求したアレンジを行う。

監修

広瀬祥茂
（ひろせ・よしたか）

1984年、千葉県生まれ。株式会社広瀬取締役、クリエイティブマネージャー。コンテストの受賞歴多数。持ち前のセンスと感性で、アクアリウムやアクアテラリウム、パルダリウムの作品を制作してきた。いずれも、美しい造形と繊細な植栽に定評がある。

●制作

表紙・本文デザイン	平野 威
写真撮影	平野 威
編集・執筆	平野 威（平野編集制作事務所）
企画	鶴田賢二（クレインワイズ）

●取材撮影協力

ヒロセペット谷津本店、ヒロセペット成田空港店、ピクタ、ゼロプランツ、杜若園芸、ヒーローズピッチャープランツ

使用画像　kbza、rawpixel.com（Freepik）

|栽|培|の|教|科|書|シ|リ|ー|ズ|

パルダリウム2
すてきな植物で彩るインドアグリーンの新しい楽しみ

2024年5月5日　初版発行

発行人	笠倉伸夫
発行所	株式会社笠倉出版社
	〒110-8625　東京都台東区東上野2-8-7 笠倉ビル
	0120-984-164（営業・広告）
印刷所	三共グラフィック株式会社